Découvrez l'histoire par les archives de presse

RETRONEWS

Le site de presse de la BnF

www.retronews.fr

BULLETIN ADMINISTRATIF

DES

ACTES DU GOUVERNEMENT

MINISTÈRE DE LA MARINE ET DES COLONIES

SÉNÉGAL ET DÉPENDANCES

BULLETIN ADMINISTRATIF

DES

ACTES DU GOUVERNEMENT

ANNÉE 1883

SAINT-LOUIS

IMPRIMERIE DU GOUVERNEMENT

M DCCC LXXXIII

BULLETIN

ADMINISTRATIF

DU SÉNÉGAL

N° 1. — JANVIER 1885

SOMMAIRE

N° 1. — CIRCULAIRE MINISTÉRIELLE. — *Envoi de deux décrets en date du 22 décembre 1882, fixant le traitement et les allocations du personnel militaire et civil du service des travaux du Haut-Sénégal.*

(Colonies.—4° bureau : Solde, congés, etc. — Troupes indigènes ; commissariat colonial. — Service du Haut-Fleuve du Sénégal et du Niger. — Direction de l'établissement des invalides.)

Paris, le 4 janvier 1883.

Messieurs, j'ai l'honneur de vous adresser un exemplaire de deux décrets, en date du 22 décembre 1882, relatifs à la fixation du traitement et des allocations des différentes catégories du personnel attaché au service des travaux du Haut-Sénégal.

Ces deux décrets concernent : l'un le personnel militaire et l'autre le personnel civil de ce service.

Je vous prie de prendre, chacun en ce qui vous concerne, les mesures nécessaires pour assurer l'exécution de ces dispositions, conformément aux instructions ci-jointes.

Le Ministre de la marine et des colonies,

JAURÉGUIBERRY.

ANNEXES.

Envoi *de deux décrets en date du 22 décembre 1882,
réglant les allocations auxquelles a droit le personnel
employé aux travaux dans le Haut-Sénégal.*

Colonies. — 4e bureau : Solde, congés, etc. — Troupes indigènes ; commissariat colonial. — Service du Haut-Fleuve du Sénégal et du Niger. — Établissement de la direction des invalides.)

Monsieur le Gouverneur, j'ai l'honneur de vous adresser deux décrets rendus sur ma proposition, pour régler les allocations à attribuer aux diverses catégories du personnel affecté aux opérations dans le Haut-Fleuve.

L'un de ces décrets, relatif au personnel militaire, ne fait que consacrer et codifier les dispositions actuellement en vigueur. Vous remarquerez seulement que les suppléments de fonctions ont été légèrement réduits, et que, d'autre part, on a pu donner satisfaction au désir souvent exprimé d'allouer aux militaires de la compagnie auxiliaire d'ouvriers l'indemnité spéciale aux troupes détachées, dans les cas où leur situation réclamait une amélioration de traitement.

Le deuxième décret, concernant le personnel civil, doit plus particulièrement attirer l'attention, non parce qu'il contient des dispositions nouvelles, mais parce qu'il importe que les principes qu'il énonce soient sainement interprétés dans la pratique.

Article 1er. Les allocations attribuées au personne des travaux temporaires du Haut-Sénégal ne portent pas la dénomination de *solde ;* on a à dessein employé l'appellation plus générale de *traitement* qui peut comprendre la rémunération des services dus en vertu d'un simple contrat d'engagement.

Art. 2. Les conditions particulières dans lesquelles ce personnel est lié au service de l'État ont nécessité certaines dérogations aux règles en vigueur dans la marine pour constater les droits aux allocations et assurer leur payement. Ces dérogations sont spécifiées, soit dans les contrats d'engagements, soit dans le présent décret, pour le surplus il convient de recourir aux prescriptions du décret du 1er juin 1875.

En dehors des cas expressément indiqués dans les tableaux joints au décret, les frais de route et de séjour ne peuvent être exceptionnellement alloués dans la colonie que sur ma décision; en cas d'urgence, vous pourriez prendre des mesures provisoires, sauf à m'en rendre compte.

Art. 3 et 4. Les articles 3 et 4 ne font qu'énumérer des conséquences qu'entraîne, conformément aux principes du droit commun, l'inexécution des clauses du contrat d'engagement de la part des contractants. Il a paru utile de les formuler explicitement afin d'éviter toutes difficultés dans l'application.

L'article 5 consacre des dispositions bienveillantes à l'égard du personnel employé temporairement, qu'il pourrait devenir nécessaire de congédier même pendant une campagne. Il importe de remarquer toutefois que le repatriement seul est un droit reconnu; l'application des dispositions de l'article 45 du décret du 1er juin 1875 est une faveur dont la concession est subordonnée à l'appréciation du Ministre.

D'après l'article 6, le personnel civil du Haut-Fleuve ne subit, en règle générale, aucune retenue sur les allocations qui lui sont attribuées; c'est la conséquence de l'application du principe consacré par les articles 3 et 33 de la loi du 9 juin 1853, d'après lequel les services temporaires, rétribués par une simple indemnité, ne sont pas admissibles pour la pension.

Toutefois ce droit à pension peut-être attribué par continuation au personnel détaché temporairement d'un corps ou d'une administration de l'État. Dans ce cas, le personnel doit rester soumis aux retenues fixées par les lois et règlements en vigueur, tant au profit du trésor qu'au profit de la caisse des invalides.

Par suite, les traitements et accessoires seront, en

principe, intégralement payés suivant les fixations des tarifs, et les états de payements seront abondés du 3 p. 100 à l'infini ; mais il sera fait exception à cette règle pour les ingénieurs et agents détachés ; ceux-ci subiront sur leurs allocations telles qu'elles sont déterminées aux tarifs, soit au profit du trésor, soit au profit de la caisse des invalides, les retenues à opérer en exécution des lois sur les pensions. Lorsqu'il y aura lieu d'appliquer la loi sur les pensions civiles, la retenue sera de 5 p. 100 sur le traitement d'Europe.

Quant au personnel de la flottille appartenant à l'inscription maritime (capitaines, seconds et marins ou mécaniciens inscrits), il continuera à compter comme services à l'État, mais seulement en vue des droits à une pension dite demi-solde, le temps dûment constaté pendant lequel il aura figuré sur un rôle d'équipage, et subira par suite sur les fixations des tarifs la retenue de 3 p. 100 au profit de la caisse des invalides. Les individus employés dans le même service qui n'appartiendraient pas à l'inscription maritime seront soumis aux règles générales concernant le personnel civil des travaux du Haut-Sénégal. Ils seront donc affranchis de toute retenue, s'ils n'ont pas d'antécédents de nature à leur ouvrir des droits à une pension ; dans le cas contraire, et s'il n'y a pas interruption dans les services, ils seront traités comme il a été indiqué ci-dessus au sujet des agents détachés.

Lorsqu'il y aura lieu d'organiser des missions spéciales en dehors du service ordinaire des travaux, ou d'employer exceptionnellement des fonctionnaires ou agents dont la situation n'est pas prévue, je fixerai les indemnités qu'il y aura lieu d'accorder au personnel européen. En cas d'urgence, vous pourrez prendre les mesures nécessaires et décider provisoirement, sous réserve de mon approbation.

Le décret sur la solde du personnel militaire ne sera appliqué qu'à partir du 1er juillet prochain. Les dispositions du décret relatif au personnel civil devront être observées dès le 1er janvier 1883 ; si donc il s'était produit, à partir de cette date, quelques opérations contraires à ces dispositions, l'administration devra prendre des mesures pour en opérer le redressement.

Enfin, il doit être bien entendu que le montant de toutes les allocations prévues au décret sur le personnel civil est imputable sur les crédits spéciaux des travaux du Haut-Sénégal.

Il en est de même pour la solde et les accessoires du mécanicien principal attaché aux ateliers de Saint-Louis.

Les vétérinaires non compris dans l'organisation d'un corps de troupe et les gardes d'artillerie employés dans les différents services du Haut-Sénégal reçoivent également toutes leurs allocations au compte du service des travaux du Haut-Sénégal. Les soldes et accessoires du personnel militaire doivent au contraire, sauf les exceptions indiquées ci-dessus, être payés sur les fonds du budget ordinaire, au compte des chapitres dans lesquels la dépense se trouve prévue.

Telles sont, Monsieur le Gouverneur, les explications dont il m'a paru utile d'accompagner l'envoi des décrets fixant les allocations du personnel employé dans le Haut-Sénégal; elles suffiront, je l'espère, pour donner les solutions nécessaires au règlement des situations individuelles; s'il se présentait quelque difficulté d'un ordre plus général, vous voudrez bien m'en référer afin d'obtenir des instructions plus explicites, s'il y a lieu.

Recevez, etc.

Le Ministre de la marine et des colonies,
JAURÉGUIBERRY.

RAPPORT *au Président de la République française, suivi de deux décrets portant fixation du traitement et des allocations des différentes catégories du personnel attaché au service des travaux du Haut-Sénégal.*

(Du **22** décembre 1882.)

Monsieur le Président, la constitution du service provisoire des travaux du Haut-Sénégal et du Niger remonte à deux ans à peine, et déjà les dispositions qui la régissent sont nombreuses.

Quelques-uns ont fait l'objet de décrets; le plus grand nombre est contenu dans des décisions que le Ministre a dû prendre, afin de pourvoir sans retard aux nécessités de ce nouveau service. Parmi ces dernières, qui ne pouvaient avoir tout d'abord qu'un caractère provisoire, celles qui règlent les allocations de solde, de suppléments ou d'indemnités me paraissent devoir être sanctionnées par le chef de l'État.

A cet effet, j'ai réuni dans un travail d'ensemble que je soumets à votre approbation les divers actes relatifs à la fixation du traitement des différentes catégories du personnel attaché à ce service spécial.

Deux projets de décrets distincts consacrent la séparation entre le personnel militaire et le personnel civil.

Si vous approuvez ces propositions, je vous prie, Monsieur le Président, de vouloir bien revêtir de votre signature les deux projets de décrets ci-joints.

Je vous prie d'agréer, etc.

Le Ministre de la marine et des colonies,
JAURÉGUIBERRY.

Pour les décrets, voir *Bulletin officiel de la marine,* 1er sem. 1883, p. 34 et suiv.

N° 2. — Dépêche ministérielle — *Au sujet des conges pour France à accorder au personnel des remorqueurs.*

(Direction des colonies. — Service des travaux Haut-Sénégal.)

Paris, le 4 janvier 1883.

Monsieur le Gouverneur, par lettre du 8 décembre 1882 vous m'informez que vous n'avez pas voulu, avant d'avoir consulté le département, accorder de congés pour France à certains capitaines, seconds et mécaniciens des remorqueurs du service des travaux du Haut-Sénégal.

Je ne vois aucun inconvénient à ce que vous autorisiez, après l'hivernage, si les nécessités du service ne s'y opposent pas, un certain nombre de ces fonctionnaires à venir passer trois mois en France.

Le service pénible auquel est astreint ce personnel pendant la saison des hautes eaux doit être certainement pris en considération, mais je vous laisse toutefois le soin d'apprécier les cas où cette faculté pourra être accordée, et je vous recommande d'éviter tout abus de ce côté.

J'ai l'honneur de vous faire remarquer, en outre, que les capitaines, seconds et mécaniciens qui ne seront pas porteurs d'un certificat du conseil de santé constatant qu'ils ont besoin d'un congé de convalescence, ne pourraient prétendre, pendant leur séjour en France, qu'à la demi-solde d'Europe et devraient rembourser le prix de leur passage. Toutefois, lorsque le service des transports entre la France et le Sénégal au moyen des bateaux porteurs sera définitivement organisé, vous pourrez désigner pour conduire ces navires en France des capitaines, seconds et mécaniciens non susceptibles d'obtenir des congés de convalescence, mais cependant assez fatigués pour avoir besoin d'un séjour momentané en France. Dans ce cas, il pourrait leur être accordé des permissions d'absence à solde entière d'Europe pour en jouir dans la métropole.

Recevez, etc.

Le Ministre de la marine et des colonies,

Pour le Ministre et par son ordre :

Le Conseiller d'État, Directeur des colonies,

DISLÈRE.

N° 3. — Dépêche ministérielle. — *La solde à la mer n'est pas due aux officiers passagers.*

(Direction des colonies : 4ᵉ bureau, 2ᵉ section.)

Paris, le 9 janvier 1883.

Monsieur le Gouverneur, par lettre du 8 décembre

dernier, vous m'avez fait connaître que faute d'instructions formelles, l'administration du Sénégal a cru devoir attribuer la solde à la mer aux officiers du commissariat colonial passagers, rejoignant leur poste, soit par bâtiment de l'Etat, soit par navire de commerce.

Je ne m'explique pas l'hésitation de l'administration en présence du texte si précis de l'article 1983 du décret du 1ᵉʳ juin 1875, décidant « que la solde à la mer est due aux officiers des corps de la marine passagers à bord d'un bâtiment, *à moins qu'il ne s'agisse d'officiers, fonctionnaires ou agents du service colonial qui recoivent dans cette position leur solde d'Europe comme solde de traversée.* »

Il est regrettable que M. le chef du service administratif ait cru devoir, par une interprétation toute personnelle, faire payer, aux officiers du commissariat dans cette position, la solde à la mer qu'ils n'avaient jamais reçue jusqu'à ce jour, et je vous prie de donner des ordres pour que des retenues soient faites à ceux des fonctionnaires qui ont ainsi perçu des allocations qui ne leur étaient pas dues.

Le Ministre de la marine et des colonies,

JAURÉGUIBERRY.

Nº 4. — DÉPÊCHE MINISTÉRIELLE. — *Les capitaines-majors n'ont pas droit à une indemnité pour emplacement de bureau.*

(Direction : Personnel. — Bureau : Solde, etc.)

Paris, le 15 janvier 1883.

Monsieur le Gouverneur, le 8 décembre dernier, vous m'avez transmis une demande formée par M. Monborgne, capitaine-major à la portion secondaire du 1ᵉʳ régiment d'infanterie de marine stationnée à Saint-Louis, en vue d'obtenir une indemnité pour l'emplacement de ses bureaux, cet emplacement ne pouvant lui être fourni dans les bâtiments militaires de la colonie.

J'ai l'honneur de vous faire remarquer qu'aux termes de l'article 175 de l'ordonnance du 22 juin 1847, dont les dispositions ont été rappelées en marge du tarif n° 22, annexé à la circulaire du 26 mai 1879, les allocations de cette nature ne sont attribuées qu'au major de la portion centrale de chaque régiment.

Il ne m'est donc pas possible d'accueillir la réclamation de M. Monborgne.

Recevez, etc.

Le Ministre de la marine et des colonies

JAURÉGUIBERRY.

N° 5. — Dépêche ministérielle. — *Les auxiliaires civils du commissariat colonial doivent être placés à la table des maîtres.*

(Direction des colonies. — 4e bureau, 2e section.)

Paris, le 16 janvier 1883.

Monsieur le gouverneur, en réponse à votre lettre du 23 décembre dernier, j'ai l'honneur de vous faire connaître que les auxiliaires civils employés dans les bureaux du commissariat colonial doivent, lorsqu'ils sont embarqués à bord des bâtiments de l'Etat, être placés à la table des maîtres, comme tous les écrivains des différents services administratifs tant en France qu'aux colonies.

Je vous prie donc de donner des ordres pour que l'on se conforme ponctuellement au classement indiqué par la circulaire du 22 avril 1880.

Recevez, etc.

Le Ministre de la marine et des colonies,

Pour le Ministre et par son ordre :

Le Conseiller d'Etat, Directeur des coloni s,

DISLÈRE.

N° 6. — Dépêche ministérielle.— *Au sujet des mesures à prendre pour assurer la séparation du corps des tirailleurs sénégalais en deux bataillons s'administrant séparément.*

(Direction : Personnel, 2ᵉ bureau. — Colonies, 4ᵉ bureau.)

Paris, le 18 janvier 1883.

Monsieur le Gouverneur, ainsi que je l'ai déjà fait connaître à votre prédécesseur par mes dépêches des 25 septembre et 31 octobre derniers, chacun des bataillons de tirailleurs sénégalais forme deux corps distincts, s'administrant séparément.

Les prescriptions contenues dans lesdites dépêches étaient, par conséquent, formelles et ne laissaient subsister aucun doute au sujet de leur application immédiate ou, tout au moins, à une époque permettant de simplifier le travail de comptabilité qui devait en résulter.

J'ai, d'ailleurs, arrêté ainsi qu'il suit les mesures de détail qui devront être prises pour la constitution des deux bataillons de tirailleurs sénégalais :

Chaque bataillon aura en propre ses archives, ses officiers comptables, son administration et son conseil.

La constitution des deux corps séparés s'effectuera pour compter du 1ᵉʳ avril prochain.

Le 1ᵉʳ bataillon établira les matricules revenant au 2ᵉ bataillon.

M. Delarue, capitaine-major, sera provisoirement maintenu au 1ᵉʳ bataillon pour régler toutes les questions de comptabilité se rattachant à la séparation du corps des tirailleurs sénégalais. Cet officier se fera aider dans les opérations préliminaires par le personnel comptable du 2ᵉ bataillon lequel, en raison de la date fixée pour la constitution en deux bataillons, pourra rester quelque temps à Saint-Louis.

Le fonds commun du corps des tirailleurs sénégalais, sans la dénomination de deuxième portion de la masse générale d'entretien, sera réparti entre chacun des bataillons au prorata du nombre de compagnies.

La première partie de la masse générale d'entretien, exclusivement affectée aux dépenses de la fanfare, sera conservée par le 1er bataillon.

Le montant de la masse individuelle des hommes comptant à l'effectif du 2e bataillon sera remis à ce bataillon.

La surveillance administrative du 2e bataillon sera assurée par les soins du commissariat dans la localité où siégera le conseil d'administration.

Chaque conseil d'administration sera composé comme suit :

Le commandant du bataillon, président du conseil ;

Deux capitaines, dont un faisant fonctions de major ;

L'officier payeur, secrétaire ;

L'officier d'habillement.

Le 2e bataillon organisera, à Saint-Louis, un petit dépôt qui sera placé sous le commandement d'un lieutenant ou sous-lieutenant ; il sera adjoint à cet officier un sergent européen, faisant fonctions de sergent-major, un caporal européen, faisant fonctions de fourrier et un soldat indigène employé comme planton.

Ce personnel sera prélevé sur l'effectif du 2e bataillon.

L'officier du 2e bataillon détaché à Saint-Louis aura le commandement des hommes isolés qui doivent être maintenus au dépôt jusqu'à ce que leur situation ait été réglée.

Il sera chargé, en outre, des opérations administratives que comporte la présence de ces hommes au dépôt.

Le 1er bataillon approvisionnera le 2e bataillon en effets de toute nature par voie de cessions. L'officier commandant le dépôt sera l'intermédiaire direct pour effectuer ces opérations entre les deux bataillons.

Par suite de la dissémination des compagnies de tirailleurs sénégalais, et en vue de faciliter les opérations administratives, d'assurer la discipline intérieure de la section hors rang, ainsi que le service de l'armurerie, j'ai décidé que les modifications suivantes seraient apportées a la composition de chacune des sections hors rang, arrêtée par ma dépêche du 25 septembre dernier :

Un sergent-major vaguemestre, aux lieu et place d'un sergent ;

Un sergent secrétaire de l'officier payeur ;

Quatre soldats armuriers.

J'ai décidé, en outre, que les tableaux ci-après seront suivis désormais pour le partage des indemnités de frais de représentation, frais de bureau, etc.

TARIF N° 5.

Indemnités pour frais de représentation et de bureau.

GRADES ET EMPLOIS.	ALLO-CATION budgétaire par an.	A DÉDUIRE 3 p. 100.	FIXATION NETTE. par an.	par mois	parjour.
1° *Frais de représentation.*	fr. c.	fr. c.	fr. c.	fr. c.	fr. c.
Chef de bataillon commandant........	1,224 74	36 74	1,188 00	99 00	3 30
2° *Frais de bureau.*					
Chef de bataillon commandant.......	408 25	12 25	396 00	33 00	1 10
Officier payeur du 1er bataillon.......	1,521 65	45 65	1,476 00	123 00	4 10
Officier payeur du 2e bataillon.......	1,224 74	36 74	1,188 00	99 00	3 30
Augmentation ou retenue à faire aux officiers payeurs pour chaque compagnie en plus ou en moins........	129 90	3 90	126 00	10 50	0 35
Lieutenant d'habillement.............	612 37	18 37	594 00	49 50	1 65

TARIF N° 6.

Indemnités pour l'emplacement et ameublement des bureaux.

GRADES ET EMPLOIS.	ALLO-CATION budgétaire.	A DÉDUIRE 3 p. 100.	SOMME NETTE PAR AN.	PAR MOIS	PAR JOUR
	fr. c.	fr. c.	fr. c.	fr. c.	fr. c.
Lieutenant officier payeur............	742 26	22 26	7 20	60 00	2 00
Lieutenant officier d'habillement......	445 36	13 36	4 32	36 00	1 20

Vous voudrez bien me proposer le chiffre des allocations auxquelles pourra prétendre l'officier commandant le dépôt du 2ᵉ bataillon pour emplacement et fournitures de bureaux, ainsi que celui de l'indemnité spéciale pour les dépenses de premier achat de registres et autres fournitures nécessaires à la comptabilité et à l'administration du dépôt.

L'indemnité pour l'emplacement des bureaux de l'officier commandant le dépôt ne lui sera accordée que si cet emplacement ne peut lui être fourni dans un bâtiment militaire.

Je vous prie d'assurer l'exécution des prescriptions qui font l'objet de la présente dépêche.

Recevez, etc.

Le Ministre de la marine et des colonies,

JAURÉGUIBERRY.

N° 7. — Dépêche ministérielle. — *Au sujet du nom de curé donné improprement aux desservants de la colonie. — Circulaire.*

(Direction des colonies, 3ᵉ bureau.)

Paris, le 18 janvier 1883.

Monsieur le Gouverneur, dans sa séance du 14 novembre dernier, la chambre des députés a, sur la proposition de M. Paul Bert, adopté l'amendement suivant au budget des cultes :

Traitement des curés ;

Allocations aux vicaires généraux, chapitres, desservants et vicaires.

Par ce vote, la chambre a voulu marquer une distinction entre le traitement des curés, seul prévu par le concordat, et celui des autres membres du clergé.

Vous n'ignorez pas que, dans nos colonies, les fonctions de curés n'existent pas d'une manière réglementaire et que le culte catholique est exercé par des prêtres qui ont le titre officiel de desservant.

En conséquence j'ai l'honneur de vous prier de vouloir bien donner des ordres pour que dans les actes et documents officiels de la colonie le nom de *prêtre* ou de *desservant* soit substitué désormais à celui de *curé*.

Recevez, etc.

JAURÉGUIBERRY.

Pour ampliation :

Le Conseiller d'État, Directeur des colonies,

DISLÈRE.

N° 8. — Dépêche ministérielle. — *Suppression des factionnaires fournis au trésor dans les colonies.*

(1re direction : Personnel. — 2e bureau : Troupes de la marine. — 1re et 2e sections.)

Paris, le 22 janvier 1883.

Messieurs, aux termes de la circulaire du 16 septembre 1882, il ne doit plus être fourni de sentinelles aux banques coloniales, sauf à titre momentané et dans les cas extraordinaires où les gouverneurs le jugeraient nécessaire pour prévenir des désordres imminents ou assurer la sécurité publique.

J'ai décidé que les dispositions prises par cette circulaire, en vue de mettre un terme à un simple usage dont l'influence était pernicieuse pour la santé des hommes, seront étendues aux trésoreries coloniales.

En conséquence, les factionnaires qui, dans les colonies, pourraient être encore préposés, de jour ou de nuit, à la garde des caisses du trésor et de ses succursales, seront supprimés à la réception de la présente circulaire.

C'est aux trésoriers-payeurs et aux trésoriers particu-

liers qu'il appartient de prendre les dispositions nécessaires pour garantir la sécurité des caisses.

J'ai l'honneur de vous prier d'assurer, chacun en ce
qui vous concerne, l'exécution des prescriptions contenues dans la présente dépêche.

Recevez, etc.

Le Ministre de la marine et des colonies,

JAURÉGUIBERRY.

N° 9. — Circulaire ministérielle. — *Au sujet de l'envoi
par la poste, sous pli recommandé, des pièces de comptabilité de l'établissement des invalides.*

(Direction des invalides. — Bureau des prises, bris et naufrages
et du service *Gens de mer*.)

Paris, le 25 janvier 1883.

Messieurs, mon attention a été appelée sur ce point
que, trop souvent, des mandats accompagnés de pièces
justificatives ou revêtus de leur acquit, se trouvaient
adirés, dans le trajet d'envoi ou de retour, sans qu'il
fût possible de s'assurer si la responsabilité en incom-
bait à l'expéditeur, au destinataire ou à la poste.

Je n'ai pas besoin d'insister sur les conséquences
fâcheuses qui peuvent résulter de ces pertes, aussi bien
pour les titulaires des mandats que pour l'administration de la marine, en vue de la justification de ses payements auprès de la cour des comptes, et j'estime que
l'on ne saurait prendre trop de précautions pour en
éviter le renouvellement.

Je vous prie donc de vouloir bien donner des ordres
pour qu'à l'avenir toute pièce portant acquit, qu'elle
soit adressée à l'administration centrale ou qu'elle fasse
l'objet d'une transmission de port à port, soit recom-
mandée à l'administration des postes.

Cette prescription s'applique également aux pièces
timbrées et enregistrées, qui sont communiquées à l'au-
torité maritime par les intéressés.

L'insertion de la présente circulaire au *Bulletin officiel de la marine* tiendra lieu de notification.

Recevez, etc.

Le Ministre de la marine et des colonies,

JAURÉGUIBERRY.

N° 10. — Circulaire ministérielle. — *Création d'une masse dite du harnachement et du ferrage dans les régiments de la marine.*

(Ire Direction : Personnel. — 6e Bureau : Solde, habillement et revues.)

Paris, le 26 janvier 1883.

Messieurs, lors de la préparation de l'ordonnance du 22 juin 1847, les corps de troupe de la marine ne comprenant à cette époque que les troupes à pied, il ne parut pas nécessaire de reproduire dans cet acte les dispositions qui font l'objet des articles 268, 417 et 418 de l'ordonnance de la guerre en date du 25 décembre 1837, relativement à la masse du harnachement et du ferrage des chevaux délivrés aux hommes montés.

Mais l'application qui vient d'être faite aux troupes d'infanterie de la marine des prescriptions de la loi du 2 juillet 1881, en ce qui concerne les capitaines montés, a rendu indispensable la constitution, pour ces corps, d'une masse destinée à pourvoir aux dépenses de cette nature.

Les crédits inscrits à cet effet au projet de budget de l'exercice 1883 ayant été votés par les chambres, j'ai décidé que ladite masse fonctionnera à dater du 1er janvier 1883, et, ainsi que cela a lieu pour la masse créée dans l'artillerie de la marine par la circulaire du 29 novembre 1861 (*B. O.* p. 515), chaque régiment recevra des allocations calculées à raison de 27 fr. 83 cent. (somme brute) par an et par cheval.

Ces allocations n'étant dues que pour les journées de présence des chevaux, il y aura lieu de les décompter par jour, ainsi que l'indique l'article 268 de l'ordonnance précitée du 25 décembre 1837, et non d'après la fixation annuelle.

Comme au département de la guerre, les ressources de la masse du harnachement et du ferrage seront augmentées du produit de la vente des fumiers et des chevaux morts ou abattus.

Les dépenses auxquelles cette masse doit pourvoir, non-seulement pour les chevaux de selle des officiers, mais encore pour les chevaux de trait des voitures régimentaires, peuvent être résumées comme suit :

1° Marque et ferrure des chevaux ;

2° Traitement des chevaux malades ;

3° Entretien et réparation des effets de harnachement ;

4° Achat et entretien des ustensiles d'écurie ;

5° Achat et entretien du matériel et des ingrédients nécessaires au harnachement des chevaux.

L'achat et l'entretien des voitures régimentaires, y compris l'attelage, continueront à être imputés à l'article 7, § *Remonte*, du chapitre V.

La masse générale d'entretien supportera, comme précédemment, les dépenses qui ne figurent pas à la nomenclature ci-dessus, telles que les honoraires des vétérinaires civils, les gratifications aux palefreniers, etc.

Afin de permettre de me rendre compte de la situation de la nouvelle masse, il y aura lieu de m'adresser, à l'avenir, en même temps que les relevés semestriels des recettes et des dépenses de la masse générale d'entretien, un état conforme au modèle annexé à la circulaire du 23 février 1880 (*B. O.* p. 357).

J'ai l'honneur de vous prier de vouloir bien assurer, chacun en ce qui vous concerne, l'exécution de la présente circulaire, dont l'insertion au *Bulletin officiel de la marine* tiendra lieu de notification.

Recevez, etc.

Le Ministre de la marine et des colonies,

JAURÉGUIBERRY.

N° 11. — **CIRCULAIRE MINISTÉRIELLE.** — *Au sujet des appréciations et des renseignements qui doivent accompagner les procès-verbaux des vérifications des caisses auxquelles il est procédé, aux colonies, par le service de l'inspection.*

(Contrôle central.)

Paris, le 29 janvier 1883.

Messieurs, j'ai l'honneur de porter à votre connaissance la lettre que mon collègue des finances vient de m'adresser, pour déterminer la nature des appréciations et des renseignements qu'il désire recevoir des officiers de l'inspection, à la suite des vérifications financières dont ils sont chargés aux colonies :

Paris, le 17 janvier 1883.

Amiral et cher collègue,

Les derniers procès-verbaux que votre administration a adressés au ministère des finances de la vérification inopinée du service du trésorier-payeur de..... présentent bien la situation des écritures et celle des valeurs, mais ils ne sont accompagnés d'aucune appréciation ni d'aucun renseignement sur l'installation matérielle des agents, sur la manière dont ils s'acquittent de leurs fonctions, et, enfin, sur le crédit et la considération dont ils jouissent.

L'inspection générale des finances en France, lorsqu'elle vérifie les comptables des deniers publics, me renseigne sur ces différents points que mon administration a le plus grand intérêt à connaître.

Je désirerais que les agents de votre département, chargés du contrôle, qui remplacent l'inspection générale des finances aux colonies, rendissent également compte, à la suite des vérifications dont ils sont chargés, de leurs appréciations sur la marche générale du service et sur les fonctionnaires qui l'exécutent. Si l'on objectait qu'il est difficile d'exercer, dans ces conditions, le contrôle sur les agents relevant d'un autre département ministériel, il serait facile de répondre que l'inspection des finances remplit sans difficulté cette mission en France, bien qu'elle se trouve dans une situation analogue vis-à-vis d'un grand nombre de comptables qu'elle est chargée de vérifier et qui ne dépendent pas du ministre des finances.

Le Ministre des finances,

TIRARD.

Je vous prie de vous conformer aux instructions qui

précèdent. L'insertion de la présente circulaire au *Bulletin officiel de la marine* tiendra lieu de notification.

Recevez, etc.

Le Ministre de la marine et des colonies,
JAURÉGUIBERRY.

———

N° 12. — Dépêche ministérielle. — *Au sujet de la destination à donner à la clé du trésor qui se trouvait entre les mains de l'ordonnateur.*

(Direction des colonies, 5ᵉ bureau.)

Paris, le 31 janvier 1883.

Monsieur le Gouverneur, vous m'avez fait connaître, par une lettre du 8 janvier courant, qu'à défaut d'instructions spéciales pour désigner celui des fonctionnaires de l'administration auquel doit revenir la clé de la caisse de sûreté du trésor qui a été jusqu'ici mise entre les mains de l'ordonnateur, vous avez prescrit la remise de cette clé au trésorier-payeur qui en aura ainsi deux sur trois.

Je ne puis qu'approuver cette disposition en attendant que la question soit réglée par le ministre des finances à qui j'ai dû en référer tout récemment. Il est bien entendu que jusqu'à nouvel ordre le service de l'inspection devra conserver celle des trois clés dont il était dépositaire.

Recevez, etc.

Le Ministre de la marine et des colonies,
Pour le Ministre et par son ordre :
Le Conseiller d'État, Directeur des colonies,
DISLÈRE.

———

N° 13. — Arrêté *rapportant les arrêtés locaux des 24 mai, 10 octobre et 31 octobre 1882.*

Saint-Louis, le 1ᵉʳ janvier 1883.

Nous, Gouverneur du Sénégal et dépendances,

Attendu l'arrivée dans la colonie de M. Colardeau, nommé greffier-notaire à Gorée ;

Sur la proposition du chef du service judiciaire,

Avons arrêté et arrêtons :

ARTICLE 1er. Sont rapportés les arrêtés locaux des 24 mai, 10 octobre et 31 octobre 1882, nommant provisoirement :

M. Taillandier, secrétaire du chef du service judiciaire ;

M. Giraud, commissaire priseur ;

M. Patterson, greffier-notaire à Gorée.

En conséquence, M. Patterson reprend les fonctions de secrétaire du chef du service judiciaire et de commissaire priseur dont il est titulaire.

ART. 2. Le chef du service judiciaire et le directeur de l'intérieur sont chargés, chacun en ce qui le concerne, de l'exécution du présent arrêté, qui sera enregistré partout où besoin sera.

Saint-Louis, le 1er janvier 1883.

RENÉ SERVATIUS.

Par le Gouverneur :

Le Chef du service judiciaire p. i.,   *Le Directeur de l'intérieur* p. i.,

G. ORAISON.   GABRIÉ.

Nº 14. — *M. Gabrié, directeur de l'intérieur p. i., est investi des différentes attributions réservées au président du conseil du contentieux administratif.*

Saint Louis, le 2 janvier 1883

Le Gouverneur du Sénégal et dépendances,

Vu l'article 1er § 3 du décret du 5 août 1881 concernant l'organisation et la compétence des conseils du contentieux administratif dans les colonies de la Martinique, de la Guadeloupe et de la Réunion et réglementant la procédure à suivre devant ces conseils ;

Vu le décret du 7 septembre 1881 rendant applicable à toutes les colonies françaises le décret du 5 août 1881 précité,

Arrête :

ARTICLE 1er. M. Gabrié, directeur de l'intérieur, est

investi des différentes attributions réservées au président du conseil du contentieux par le décret du 5 août 1881.

ART. 2. Le présent arrêté sera communiqué, enregistré et publié partout où besoin sera.

Saint-Louis, le 2 janvier 1883.

RENÉ SERVATIUS.

N° 15. — ARRÊTÉ *portant ouverture d'un crédit supplémentaire de 4,466 fr. 75 cent. au titre des dépenses sur exercices clos.*

Saint-Louis, le 9 janvier 1883.

Nous, Gouverneur du Sénégal et dépendances,

Vu l'article 51 de l'ordonnance organique du 7 septembre 1840;

Vu l'article 97 du décret financier du 24 novembre 1882;

Attendu que dans les séances du conseil d'administration des 27 septembre 1881 et 11 mars 1882 il a été admis aux rôles des patentes de l'exercice 1881 divers dégrèvements s'élevant à la somme de...................................... 4,466 fr. 75 cent.

Sur le rapport du directeur de l'intérieur,

Le conseil d'administration entendu,

Avons arrêté et arrêtons :

ARTICLE 1er. Un crédit supplémentaire de la somme de *quatre mille quatre cent soixante-six francs soixante-quinze centimes* (4,466 fr. 75 cent.) est ouvert au directeur de l'intérieur pour la régularisation de ces dégrèvements.

Ce crédit sera imputable au chapitre IV, *Exercices clos*, et il sera pourvu à sa réalisation par les voies et moyens du budget de l'exercice 1883.

ART. 2. Le directeur de l'intérieur est chargé de l'exécution du présent arrêté, qui sera enregistré partout où besoin sera, inséré au *Moniteur* et au *Bulletin officiels* de la colonie et notifié au trésorier-payeur.

Saint-Louis, le 9 janvier 1883.

RENÉ SERVATIUS.

Par le Gouverneur :
Le Directeur de l'intérieur p. i.,
GABRIÉ.

N° 16. — *Une somme de 300 francs est mise à la disposition du commandant du camp de N'diago pour être distribuée en secours aux habitants de ce village.*

Saint-Louis, le 9 janvier 1883.

Nous, Gouverneur du Sénégal et dépendances,

Considérant qu'un incendie a presque détruit le village de N'diago et qu'un grand nombre des habitants de ce village n'ont pu rien sauver du désastre;

Sur la proposition du directeur de l'intérieur,

Décidons :

Une somme de trois cents francs est mise à la disposition de M. Bernard, lieutenant d'infanterie, commandant du camp de N'diago, pour être distribuée en secours aux habitants de ce village.

M. Bernard produira un état présentant les noms des victimes du sinistre et des sommes qui leur auront été allouées. Ces payements seront certifiés par la signature de deux témoins et de M. Bernard, et l'état ainsi complété sera rattaché au mandat.

Cette somme sera prélevée sur les fonds des dépenses imprévues, exercice 1883.

Saint-Louis, le 9 janvier 1883.

RENÉ SERVATIUS.

Par le Gouverneur,

Le Directeur de l'intérieur p. i.,

GABRIÉ.

N° 17. — ARRÊTÉ *rendant provisoirement applicables à l'exercice 1883 les taxes et contributions de l'exercice 1882, et portant ouverture de crédits provisoires.*

Saint-Louis, le 9 janvier 1883.

Nous, Gouverneur du Sénégal et dépendances,

Vu l'article 51 de l'ordonnance organique du 7 septembre 1840;

Vu le décret du 4 février 1879 portant institution d'un conseil général au Sénégal;

Considérant qu'il n'a pas été possible d'assembler le conseil général en session ordinaire ainsi que le prescrit l'article 24 du décret précité;

Considérant que pour la légalité de la perception des impôts, il est indispensable d'appliquer provisoirement à l'exercice 1883 les mêmes taxes et contributions que celles perçues en 1882, et qu'il importe d'ouvrir des crédits provisoires pour faire face aux dépenses du service local pour l'année 1883 en attendant le vote du budget;

Sur le rapport du directeur de l'intérieur,

Le conseil d'administration entendu,

Avons arrêté et arrêtons.

ARTICLE 1er. Les taxes et contributions, les divers droits, produits et revenus attribués à la colonie continueront à être perçus provisoirement en 1883, conformément aux tarifs de l'exercice 1882.

ART. 2. Il sera pourvu à l'exécution des services au moyen des crédits ci-après qui sont ouverts au directeur de l'intérieur :

CHAPITRE Ier. — *Dettes exigibles*..................	» »
CHAPITRE II. — *Dépenses d'administration*.....	103,000f 00c
CHAPITRE III. — *Travaux publics*..........	94,000 00
CHAPITRE IV. — *Dépenses diverses*..........	18,000 00
Total...................	215,000 00

ART. 3. Ces crédits provisoires seront annulés après l'arrêté en conseil d'administration du budget local de l'exercice 1883.

ART. 4. Le directeur de l'intérieur est chargé de l'exécution du présent arrêté, qui sera enregistré partout où besoin sera, inséré au *Moniteur* et au *Bulletin officiels* de la colonie et notifié au trésorier-payeur.

Saint-Louis, le 9 janvier 1883.

RENÉ SERVATIUS.

Par le Gouverneur :

Le Directeur de l'intérieur p. i.,

GABRIÉ.

N° 18. — ARRÊTÉ *portant promulgation de divers actes fixant les taxes applicables aux colis postaux de ou à destination de la Nouvelle-Calédonie, des Açores et de Madère.*

Saint-Louis, le 9 janvier 1883.

Nous, Gouverneur du Sénégal et dépendances,

Vu l'article 50 de l'ordonnance organique du 7 septembre 1840 ;
Vu les dépêches ministérielles du 12 décembre 1882, numérotées 87 et 85 ;
Sur la proposition du directeur de l'intérieur,

Avons arrêté et arrêtons :

ARTICLE 1ᵉʳ. Sont promulgués au Sénégal :
1° Le décret du 20 novembre 1882 portant fixation des taxes et conditions applicables dans le service colonial aux colis postaux provenant ou à destination de la Nouvelle-Calédonie ;
2° Le décret du 29 novembre 1882 fixant les taxes applicables dans le service colonial aux colis postaux à destination des îles des Açores et de Madère.

ART. 2. Le directeur de l'intérieur est chargé de l'exécution du présent arrêté, qui sera enregistré partout où besoin sera et inséré au *Moniteur* et au *Bulletin officiels* de la colonie.

Saint-Louis, le 9 janvier 1883.

RENÉ SERVATIUS.

Par le Gouverneur :

Le Directeur de l'intérieur p. i.,

GABRIÉ.

N° 19. — ARRÊTÉ *portant ouverture au directeur de l'intérieur d'un crédit de 118,325 francs au titre du chapitre XXVII du budget colonial, exercice 1883.*

Saint-Louis, le 9 janvier 1883.

Nous, Gouverneur du Sénégal et dépendances,

Vu l'article 56 de l'ordonnance organique du 7 septembre 1840 ;

Vu les articles 5 et 6 du décret financier du 24 novembre 1882;

Attendu qu'il n'est parvenu encore dans la colonie aucun avis d'ordonnances de délégation pour le payement des dépenses des services civils compris dans le budget de l'État;

Sur le rapport du directeur de l'intérieur,

Le conseil d'administration entendu,

Avons arrêté et arrêtons :

ARTICLE 1ᵉʳ. Il est ouvert, au compte de l'exercice 1883, au directeur de l'intérieur, un crédit provisoire de *cent dix-huit mille trois cent vingt-cinq francs* (118,325 fr.) au titre du chapitre XXVII du budget colonial.

ART. 2. Ce crédit cessera d'être valable dès que celui ouvert par M. le Ministre de la marine aura été notifié à la colonie.

ART. 3. Le directeur de l'intérieur est chargé de l'exécution du présent arrêté, qui sera enregistré partout où besoin sera, inséré au *Moniteur* et au *Bulletin officiels* de la colonie et notifié au trésorier-payeur.

Saint-Louis, le 9 janvier 1883.

RENÉ SERVATIUS.

Par le Gouverneur :

Le Directeur de l'intérieur p. i ,

GABRIÉ.

N° 20.   ARRÊTÉ *instituant une chambre de commerce à Rufisque.*

Saint-Louis, le 9 janvier 1883.

Nous, Gouverneur du Sénégal et dépendances,

Vu l'article 51 de l'ordonnance organique du 7 septembre 1840;

Vu les arrêtés locaux des 29 décembre 1867, 30 avril 1877, 31 mai 1878 sur les chambres de commerce créées dans la colonie;

Vu le vœu formulé par le conseil municipal de Rufisque, dans sa session de juillet 1882;

Considérant que le développement croissant du commerce de Rufisque justifie l'institution dans cette ville d'une chambre de commerce;

Sur le rapport du directeur de l'intérieur,

Le conseil d'administration entendu,

Avons arrêté et arrêtons :

ARTICLE 1er. Il est créé à Rufisque une chambre de commerce dans les mêmes conditions que celles fonctionnant à Saint-Louis et à Gorée.

ART. 2. Les dispositions des arrêtés des 29 décembre 1869, 30 avril 1877 et 31 mai 1878, relatives au nombre des membres du conseil, au mode et aux conditions de leur élection ainsi qu'à leurs attributions, sont rendues applicables à la ville de Rufisque.

ART. 3. Il sera procédé à la formation de la chambre de commerce dans le mois qui suivra la publication du présent arrêté.

ART. 4. Le directeur de l'intérieur est chargé de l'exécution du présent arrêté, qui sera enregistré partout où besoin sera et inséré au *Bulletin* et au *Moniteur officiels* de la colonie.

Saint-Louis, le 9 janvier 1883.

René SERVATIUS.

Par le Gouverneur :

Le Directeur de l'intérieur p. i.,

GABRIÉ.

———

N° 21. — ARRÊTÉ *autorisant un prélèvement de 215,000 fr. sur les fonds de la caisse de réserve.*

Saint-Louis, le 9 janvier 1883.

Nous, Gouverneur du Sénégal et dépendances,

Vu l'article 51 de l'ordonnance organique du 7 septembre 1840 ;
Vu l'article 99 du décret financier du 24 novembre 1882 ;
Attendu qu'il est nécessaire de disposer d'une certaine somme pour faire face aux premières dépenses du service local pour l'exercice 1883, en attendant le recouvrement des impôts établis dans la colonie ;
Sur le rapport du directeur de l'intérieur,
Le conseil d'administration entendu,

Avons arrêté et arrêtons :

ARTICLE 1er. Un prélèvement provisoire d'une somme de *deux cent quinze mille francs* (215,000 fr.) est autorisé sur les fonds de la caisse de réserve pour faire face aux premières dépenses de l'exercice 1883.

Art. 2. Cette somme de 215,000 francs sera reversée à la caisse de réserve aussitôt que l'état des ressources du budget local le permettra, par suite du recouvrement des différents impôts de la colonie.

Art. 3. Le directeur de l'interieur est chargé de l'exécution du présent arrêté, qui sera enregistré partout où besoin sera, inséré au *Moniteur* et au *Bulletin officiels* de la colonie et notifié au trésorier-payeur.

Saint-Louis, le 9 janvier 1883.

René SERVATIUS.

Par le Gouverneur :

Le Directeur de l'intérieur p. i.,

Gabrié.

N° 22. — Arrêté *accordant à MM. Maurel frères l'autorisation de construire une voie ferrée à Gorée.*

Saint-Louis, le 9 janvier 1883.

Nous, Gouverneur du Sénégal et dépendances,

Vu l'article 22 de l'ordonnance organique du 7 septembre 1840 ;

Vu la demande de MM. Maurel frères tendant à obtenir l'autorisation d'établir une voie ferrée sur l'appontement nord de Gorée et sur la partie du quai située en face de leur maison ;

Vu l'avis favorable du conseil municipal et de la chambre de commerce de Gorée-Dakar ;

Vu la délibération du conseil général en date du 23 février 1882 ;

Sur la proposition du directeur de l'intérieur,

Le conseil d'administration entendu,

Avons arrêté et arrêtons :

Article 1er. MM. Maurel frères sont autorisés à établir une voie ferrée sur l'appontement nord de Gorée, avec prolongement sur le quai jusqu'à leur maison de commerce.

Art. 2. Cette voie devra être établie sur ledit appontement dans les conditions indiquées par le service des ponts et chaussées ; la portion de la voie située sur le quai devra être bétonnée ou pavée sur toute sa longueur et les rails ne devront pas faire saillie sur le sol; elle devra être maintenue en parfait état d'entretien.

ART. 3. L'administration se réserve le droit de faire surveiller les travaux et de retirer immédiatement son autorisation s'ils ne sont pas exécutés conformément aux conditions prescrites.

ART. 4. Cette voie ferrée sera tenue à la disposition du public toutes les fois que les concessionnaires ne s'en serviront pas, moyennant une rétribution de 40 centimes par tonne et par 100 mètres de voie.

ART. 5. L'administration se réserve le droit de se servir de la voie ferrée, lorsque les besoins du service l'exigeront.

ART. 6. Une redevance annuelle de 20 centimes par mètre courant de voie ferrée sera payée par MM. Maurel frères, conformément au tarif des taxes locales.

ART. 7. Les droits des tiers sont et demeurent expressément réservés.

ART. 8. La voie ferrée devra être enlevée par MM. Maurel frères à la première réquisition de l'administration en cas de nécessité urgente et reconnue.

ART. 9. Le directeur de l'intérieur est chargé de l'exécution du présent arrêté, qui sera enregistré partout où besoin sera et notifié aux intéressés.

Saint-Louis, le 9 janvier 1883.

René SERVATIUS.

Par le Gouverneur :

Le Directeur de l'intérieur p. i ,

GABRIÉ.

N° 23. — ARRÊTÉ *modifiant la composition des conseils d'hygiène et de salubrité à Gorée-Dakar.*

Saint-Louis, le 10 janvier 1883.

Nous, Gouverneur du Sénégal et dépendances,

Vu les arrêtés des 25 octobre 1867 et 2 avril 1873, et la décision du 16 novembre 1878;

Considérant que les quarantaines qui existent fréquemment sur l'une ou l'autre section de la commune de Gorée-Dakar, rendent impraticable le fonctionnement normal du conseil d'hygiène créé à Gorée et composé de membres résidant dans les deux localités;
Sur la proposition du directeur de l'intérieur,

Avons arrêté et arrêtons :

Article 1er. Un conseil d'hygiène et de salubrité est établi dans chacune des villes de Gorée et de Dakar. La composition de ces conseils est fixée ainsi qu'il suit :

A Gorée :

Le maire, et à défaut du maire, un adjoint, *président ;*
Le président ou le vice-président de la chambre de commerce, membre ;
Le médecin de la marine chargé du service à Gorée, membre ;
L'officier du commissariat, chargé de l'inscription maritime, membre ;
Le pharmacien de la marine, membre ;
Le médecin civil, membre ;
Deux habitants notables, nommés par le gouverneur, membres.

A Dakar :

L'adjoint spécial, et à défaut, un conseiller municipal de Dakar, désigné par le maire, *président ;*
Le chef du service médical, membre ;
Le sous-directeur du génie, membre ;
Un médecin de la marine, membre ;
Le délégué des ponts et chaussées, membre ;
Le pharmacien de la marine, membre ;
Deux habitants notables, nommés par le gouverneur, membres.

Art. 2. Les habitants membres desdites commissions, pour l'année 1883, sont :

Pour Gorée :

MM. Piécentin, propriétaire ;
Guiraud, négociant.

Pour Dakar :

MM. Alexandre Jean, commerçant ;
Montoux, agent des messageries.

ART. 3. Les procès-verbaux de ces commissions seront adressés au délégué de l'intérieur, chargé d'en faire la transmission au chef-lieu.

ART. 4. Le directeur de l'intérieur est chargé de l'exécution du présent arrêté, qui sera enregistré partout où besoin sera et inséré au *Moniteur* et au *Bulletin officiels* de la colonie.

Saint-Louis, le 10 janvier 1883.

RENÉ SERVATIUS.

Par le Gouverneur :
Le Directeur de l'intérieur, p. i.,
GABRIÉ.

N° 24. — ARRÊTÉ *convoquant le conseil général en session ordinaire.*

Saint-Louis, le 22 janvier 1883.

Nous, Gouverneur du Sénégal et dépendances.

Vu l'article 21 du décret du 4 février 1879 ;
Vu le décret du 12 octobre 1882 ;
Sur la proposition du directeur de l'intérieur,

Avons arrêté et arrêtons :

ARTICLE 1er. Le conseil général du Sénégal est convoqué en session ordinaire pour le 17 février 1883, à trois heures du soir.

ART. 2. Le directeur de l'intérieur est chargé de l'exécution du présent arrêté, qui sera enregistré partout où besoin sera, inséré au *Moniteur* et au *Bulletin officiels* de la colonie.

Saint-Louis, le 22 janvier 1883.

RENÉ SERVATIUS.

Par le Gouverneur :
Le Directeur de l'intérieur p. i.,
GABRIÉ.

N° 25. — **Arrêté** *portant promulgation du décret du 12 décembre 1882 sur les taxes à acquitter sur les correspondances à destination ou provenant de la république de Costa-Rica.*

Saint-Louis, le 26 janvier 1883.

Nous, Gouverneur du Sénégal et dépendances,

Vu l'article 50 de l'ordonnance organique du 7 septembre 1840;
Vu la dépêche ministérielle du 5 janvier 1883, numérotée 2;
Sur la proposition du directeur de l'intérieur,

Avons arrêté et arrêtons :

Article 1er. Est promulgué au Sénégal le décret du 12 décembre 1882 portant fixation des taxes à acquitter dans les colonies françaises sur les correspondances à destination ou provenant de la république de Costa-Rica.

Art. 2. Le directeur de l'intérieur est chargé de l'exécution du présent arrêté, qui sera inséré au *Moniteur* et au *Bulletin officiels* de la colonie.

Saint-Louis, le 26 janvier 1883.

René SERVATIUS.

Par le Gouverneur :

Le Directeur de l'intérieur p. i.,

Gabrié.

N° 26. — *La signature du gouverneur, à Dakar, est déléguée au fonctionnaire représentant le directeur de l'intérieur, pour la légalisation des pièces.*

Saint-Louis, le 27 janvier 1883.

Le Gouverneur du Sénégal et dépendances,

Vu l'article 40 de l'ordonnance organique du 7 septembre 1840;
Vu l'arrêté local du 22 janvier 1862 réglant les attributions des commandants d'arrondissements dont l'article 18 est ainsi conçu :
« Le commandant de l'arrondissement légalise les actes à transmettre hors de la colonie. Il légalise également les actes venant de l'étranger; »

Vu la dépêche ministérielle du 29 avril 1879 relative à la légalisation des pièces à transmettre hors de la colonie ;

Vu le décret du 12 octobre 1882 portant suppression de l'emploi de commandant du 2ᵉ arrondissement du Sénégal,

Décide :

ARTICLE 1ᵉʳ. La signature du gouverneur du Sénégal et dépendances est déléguée, à Dakar, au fonctionnaire représentant le directeur de l'intérieur, pour la légalisation de toutes les pièces à transmettre hors de la colonie, de même que pour les actes venant de l'étranger.

ART. 2. La présente décision sera enregistrée partout où besoin sera, et insérée au *Moniteur* et au *Bulletin officiels* de la colonie.

Saint-Louis, le 27 janvier 1883.

RENÉ SERVATIUS.

Par le Gouverneur :

Le Directeur de l'intérieur p. i.,

GABRIÉ.

NOMINATIONS, MUTATIONS, MOUVEMENTS, CONGÉS.

PAR DÉCRETS DU PRÉSIDENT DE LA RÉPUBLIQUE :

En date du 22 décembre 1882, parvenu dans la colonie
le 14 janvier 1883.

N° 27. — Sont promus ou nommés dans la Légion
d'honneur :

Au grade d'officier :

M. Desgranges, médecin principal de la marine.

Au grade de chevalier :

MM. Friocourt, inspecteur des services administratifs
et financiers de la marine ;
de Gasquet, capitaine d'artillerie de la marine ;
Beck, garde d'artillerie de 2ᵉ classe ;
David, garde d'artillerie de 1ʳᵉ classe ;
Duval, médecin de 2ᵉ classe de la marine ;
Alakamessa, lieutenant indigène au corps des tirail-
leurs sénégalais.

N° 28. — La médaille militaire est conférée aux militaires dont les noms suivent :

MM. Grandgenèvre, sergent aux tirailleurs sénégalais ;
Paté-Demba, sergent indigène aux tirailleurs sénégalais ;
Seydou-Ifra, caporal indigène aux tirailleurs sénégalais ;
Ana-Ben-Bouklem, tirailleur sénégalais ; Amal-Samba,
spahi indigène sénégalais.

En date du 11 janvier 1883.

N° 29. — M. Quiquandon (Fernand-Jean-Henri), sous-lieutenant à la 2ᵉ compagnie du 2ᵉ bataillon de tirailleurs sénégalais, est promu lieutenant.

En date du 22 janvier 1883.

Nᵒ 30. — M. Poutet, lieutenant en 1ᵉʳ à la compagnie auxiliaire d'ouvriers d'artillerie, est promu capitaine en 2ᵉ, placé à l'état-major et attaché à la fonderie de Ruelle.

PAR DÉCISION DU MINISTRE DE LA GUERRE :

En date du 4 janvier 1883.

Nᵒ 31. — M. Boffard-Coquat, sous-lieutenant porte-étendard du 15ᵉ chasseurs, passe à l'escadron de spahis du Sénégal, en remplacement de M. Cottin de Melleville, promu lieutenant.

PAR DÉCISIONS MINISTÉRIELLES :

En date du 11 janvier 1883.

Nᵒ 32. — M. Salles (Jean-Ludovic-Charles), capitaine au long cours, est nommé lieutenant de port à Dakar.

En date du 14 janvier 1883.

Nᵒ 33. — M. Seyne, second capitaine de l'aviso colonial le *Laprade*, est révoqué de ses fonctions.

En date du 15 janvier 1883.

Nᵒ 34. — M. d'Erneville (Georges-André) est nommé conducteur des ponts et chaussées de 4ᵉ classe au Sénégal.

En date du 17 janvier 1883.

Nᵒ 35. — Un congé de convalescence de trois mois est accordé à M. Sauer, garde d'artillerie de 3ᵉ classe.

En date du 19 janvier 1883.

Nᵒ 36. — M. Boyer, sous-commissaire de la marine, est admis à faire valoir ses droits à la retraite.

Nᵒ 37. — M. Mittre, sous-commissaire de la marine,

est appelé à servir au Sénégal, en remplacement de M. Boyer, officier du même grade, admis à faire valoir ses droits à la retraite.

En date du 22 janvier 1883.

N° 38. — M. Claude, capitaine au 2ᵉ d'artillerie, attaché au service du Haut-Fleuve, est nommé capitaine en 1ᵉʳ et est maintenu dans sa position.

N° 39. — MM. Pitault et Vaché, sous-lieutenants d'artillerie de marine, passent à la 24ᵉ batterie au Sénégal.

Par décision du même jour, MM. Guiberteau et Duhamel, sous-lieutenants d'artillerie de marine, passent à la 29ᵉ batterie au Sénégal.

N° 40. — M. Delestre, sous-lieutenant d'artillerie de marine, passe au détachement de la 6ᵉ compagnie d'ouvriers à Saint-Louis (Sénégal).

N° 41. — M. Ridde, sous-lieutenant d'artillerie de marine, est appelé au commandement du détachement d'ouvriers à Saint-Louis.

En date du 24 janvier 1883.

N° 42. — Un congé de convalescence de trois mois est accordé à M. Poutet, lieutenant en 1ᵉʳ à la compagnie auxiliaire d'ouvriers d'artillerie.

En date du 27 janvier 1883.

N° 43. — M. Villard, médecin auxiliaire de 2ᵉ classe, est appelé à servir au Sénégal, en remplacement de M. Kieffer, rappelé en France.

En date du 31 janvier 1883.

N° 44. — Le sieur Tobya est nommé à un emploi de préposé des douanes de 2ᵉ classe au Sénégal.

PAR DÉCISIONS DU GOUVERNEUR :

En date du 7 janvier 1883.

N° 45. — Le sieur Le Méné, préposé de 2ᵉ classe du service des douanes, est révoqué de son emploi.

En date du 8 janvier 1883.

N° 46. — Le sieur Boisset est nommé sergent de ville à Saint-Louis.

En date du 16 janvier 1883.

N° 47. — MM. Huzet et Raynaud sont nommés agents secondaires de 1re classe du cadre du Sénégal.

En date du 22 janvier 1883.

N° 48. — MM. Alsace (Hippolyte), Crespin (Jean-Jacques), Tressol (Nicaise) et Lézongar (Bruno), écrivains de 3e classe de l'administration de l'intérieur, sont élevés à la 2e classe de leur emploi pour compter du 1er janvier 1883.

N° 49. — Un congé de convalescence pour France est accordé à M. Renckly, commis des douanes à Saint-Louis.

PAR DÉCISIONS DU DIRECTEUR DE L'INTÉRIEUR :

En date du 10 janvier 1883.

N° 50. — Le sieur Yoro-Diao est réinstallé à Khouma en qualité de chef dudit canton.

En date du 11 janvier 1883.

N° 51. — Le sieur Diafara-Sy est nommé agent de police de 3e classe à Gorée.

En date du 19 janvier 1883.

N° 52. — Le sieur Amady-Samba est nommé agent de police de 3e classe à Rufisque.

En date du 20 janvier 1883.

N° 53. — Un congé d'un mois à solde entière est accordé au sieur Latir-Faye, moniteur à l'école primaire de Saint-Louis, pour raison de santé.

En date du 23 janvier 1883.

N° 54. — Le sieur Ibrahima-Silla est nommé greffier du tribunal musulman de Saint-Louis.

N° 55. — Le sieur Barka-N'diaye est nommé agent de police de 3ᵉ classe à Gorée.

En date du 29 janvier 1883.

N° 56. — Les sieurs Bago-Lô, Fary-Diouf, Seyni-N'daw, Mapenda-Diouf, Amady-N'diaye, surveillants de 3ᵉ classe du service télégraphique, sont élevés à la 2ᵉ classe de leur emploi.

En date du 31 janvier 1883.

N° 57. — Le sieur Simbry-Diagne est nommé facteur de la poste aux lettres, à Rufisque.

N° 58. — Le sieur Amadi-Koïta est nommé agent de police de 3ᵉ classe à Rufisque.

PAR DÉCISIONS DU MÉDECIN EN CHEF :

En date du 5 janvier 1883.

N° 59. — M. Mercier, médecin de 2ᵉ classe, est appelé à continuer ses services dans le 2ᵉ arrondissement.

N° 60. — M. Mestayer, médecin de 2ᵉ classe, est appelé à continuer ses services dans le 2ᵉ arrondissement ; M. Reynaud, médecin de 2ᵉ classe, rentre en France, en congé ; M. Le Coat de Saint-Haouen, médecin de 1ʳᵉ classe, est appelé à continuer ses services à Saint-Louis.

En date du 19 janvier 1883.

N° 61. — MM. Palmade, médecin de 1ʳᵉ classe et Bosch, médecin de 2ᵉ classe, rentrent en France comme ayant terminé leur temps de service colonial.

En date du 20 janvier 1883.

N° 62. — M. Bosch, médecin de 2ᵉ classe, remet la prévôté de l'hôpital à M. Amouretti, officier du même grade.

En date du 30 janvier 1883.

N° 63. — M. Morvan, aide-médecin auxiliaire, est appelé à continuer ses services à N'diago.

Certifié conforme :

Le Chef du secrétariat du Gouvernement,

A. LE FOL.

SAINT-LOUIS (SÉNÉGAL). — Imprimerie du Gouvernement.